Discovery Education 探索·科学百科（中阶）

4级D2 膨胀的人口

全国优秀出版社
全国百佳图书出版单位

广东教育出版社 学乐

中国少年儿童科学普及阅读文库

探索·科学百科™

中阶

膨胀的人口

4级D2

[澳]安德鲁·恩斯普鲁克⊙著

王婷(学乐·译言)⊙译

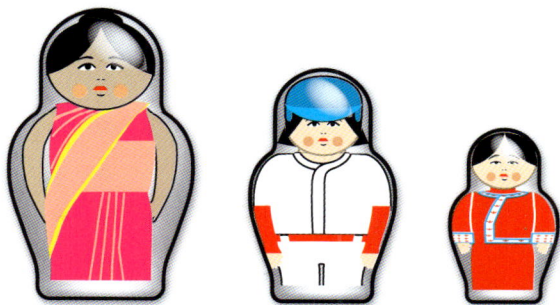

Discovery
EDUCATION™

全国优秀出版社
全国百佳图书出版单位
广东教育出版社

广东省版权局著作权合同登记号

图字：19-2011-097号

图书在版编目（CIP）数据

Discovery Education探索·科学百科. 中阶. 4级. D2，膨胀的人口/[澳]安德鲁·恩斯普鲁克著；王婷（学乐·译言）译. — 广州：广东教育出版社，2014.1

（中国少年儿童科学普及阅读文库）

ISBN 978-7-5406-9463-0

Ⅰ.①D… Ⅱ.①安… ②王… Ⅲ.①科学知识－科普读物 ②人口增长－世界－少儿读物 Ⅳ.①Z228.1 ②C924.1-49

中国版本图书馆 CIP 数据核字(2012)第167638号

Discovery Education探索·科学百科（中阶）
4级D2 膨胀的人口

著 [澳]安德鲁·恩斯普鲁克 译 王婷（学乐·译言）

责任编辑 张宏宇 李 玲 丘雪莹 **助理编辑** 蔡利超 于银丽 **装帧设计** 李开福 袁 尹

出版 广东教育出版社

　　地址：广州市环市东路472号12-15楼　邮编：510075　网址：http://www.gjs.cn

经销 广东新华发行集团股份有限公司　　　　　**印刷** 北京顺诚彩色印刷有限公司

开本 170毫米×220毫米　16开　　　　　　　**印张** 2　　　　**字数** 25.5千字

版次 2016年5月第1版　第2次印刷　　　　　**装别** 平装

　　　　　　ISBN 978-7-5406-9463-0　　**定价** 8.00元

内容及质量服务 广东教育出版社 北京综合出版中心

　　　　电话 010-68910906 68910806　　网址 http://www.scholarjoy.com

质量监督电话 010-68910906 020-87613102　**购书咨询电话** 020-87621848 010-68910906

目录 | Contents

人口密度

人口密度描述了居住在一个地方的人口密集程度。如果将城市与村镇做比较，每平方千米的城市居民要比村镇居民多，所以城市的人口密度比村镇高。一个国家的人口密度也是如此。在有些国家，一个面积很小的地方就有很多人口，而有些国家则是面积大，人口少。

人口密度是比较地球上不同国家人口状况的一种指标。它反映了居住在不同国家的人的生活状态，以及他们所面对的机遇与挑战。

北美洲

旧金山
洛杉矶
圣地亚哥
达拉斯
休斯敦
蒙特雷
瓜达拉哈拉
墨西哥城
危地马拉
芝加哥
底特律
华盛顿哥伦比亚特区
多伦多
蒙特利尔
波士顿
纽约
费城
加拉加斯
麦德林
波哥大

南美洲

利马
福塔雷萨
累西
萨尔瓦多
贝洛奥里藏特
圣保罗
里约热内卢
阿雷格里
圣地亚哥
布宜诺斯艾利斯

美国纽约，曼哈顿摩天大楼

中国新疆，喀纳斯湖的蒙古包

人口密度

每平方英里的人口数	每平方千米人口数
无	无
低于 2.6	低于 1
2.6	1
26	10
65	25
130	50
260	100
520	200
1040	400
2080	800
高于 2080	高于 800

从乡村到城市

在过去的几百年里，成百万的人口涌入城市。现在，人们似乎都爱住在人口拥挤的地方，如曼哈顿，而不是人口稀疏的地方，如蒙古和中国的新疆。

世界各地

- 非洲
- 亚洲
- 拉丁美洲（包括南美、中美洲和墨西哥）
- 欧洲（包括俄罗斯）
- 北美洲（美国和加拿大）
- 大洋洲

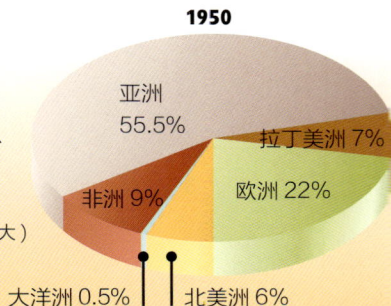

1950

亚洲 55.5%
拉丁美洲 7%
欧洲 22%
非洲 9%
大洋洲 0.5%
北美洲 6%

人口密度最高的三个地方是摩纳哥、中国澳门和中国香港地区。

人口密度最低的三个地方是格陵兰岛、斯瓦尔巴群岛和福克兰群岛。

图例
- 300万~500万人的城市
- 500万~1 000万人的城市
- 超过1 000万人的大城市

人们住在哪里?

这张人口密度图展示了地球上大部分人口的居住地。颜色越深的地方,人口密度越高。

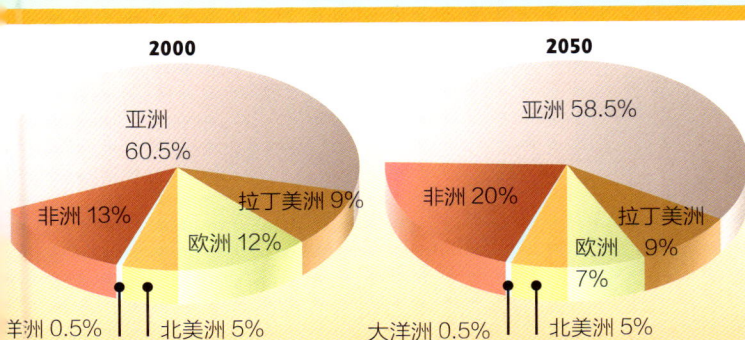

人口集中在哪?

亚洲人口占世界人口的60%。人口比例变化最大的是欧洲和非洲。1950年,欧洲人口数量是非洲的两倍,而到了2000年,非洲人口数量就超过了欧洲。预计到2050年,非洲人口数量将是欧洲的三倍。

人口爆炸

过去的250年里，地球上发生的最大变化就是人口大爆炸。人类占领了地球，还把其他物种挤到了一边。越来越多的人口对地球提出越来越多的要求，有些人认为，如果人类想继续生存，人口数量就不能以如此快的速度增长下去。

人口增长既带来了机遇也带来了问题。人口多意味着更多的创新机会和繁荣。然而，这也意味着将有更多的人需要食物、水、居所和医疗服务。

不可思议！

大约一万年前，地球上仅有500万~1 000万人。公元1年前后，人口数跃升为3亿，而到了工业革命时期，人口爆增为17.5亿。

中国人口

中国人口比地球上其他任何国家的人口都要多。实际上，地球上五分之一的人生活在中国。1905年，中国人口为5.45亿。据估算，到2050年，中国人口将超过14亿。

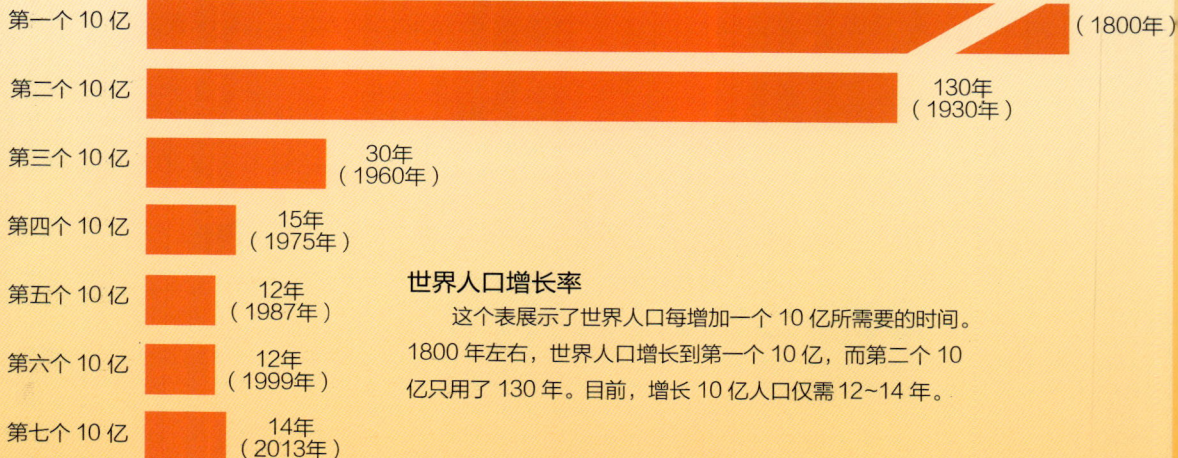

第一个10亿	（1800年）
第二个10亿	130年（1930年）
第三个10亿	30年（1960年）
第四个10亿	15年（1975年）
第五个10亿	12年（1987年）
第六个10亿	12年（1999年）
第七个10亿	14年（2013年）

世界人口增长率

这个表展示了世界人口每增加一个10亿所需要的时间。1800年左右，世界人口增长到第一个10亿，而第二个10亿只用了130年。目前，增长10亿人口仅需12~14年。

中国	1 330 141 000
印度	1 173 108 000
美国	309 733 000
印度尼西亚	242 968 000
巴西	201 103 000
俄罗斯	139 390 205
日本	126 804 000
菲律宾	99 900 000

人口最多的国家

中国和印度的人口最多。两国共有 25 亿人，超过世界人口总数的三分之一。最下面五个国家的人口总数加起来仅是中印两国人口数的三分之一。

印度人口

印度人口在 2000 年突破了 10 亿，比中国人口增长的速度快很多。如果按当前的趋势，印度将在 2030 年以 14.6 亿人超过中国的 13.9 亿人，成为人口最多的国家。

人口将增长为多少？

这个表展示了人口快速增长的趋势。未来人口到底会增长为多少还是个未知数，但当前的增长率使世界人口数每 60 年左右就翻一倍。这意味着到 2067 年，世界人口将达到 130 亿。

世界总人口（10 亿）

亚洲

非洲

欧洲

大洋洲

拉丁美洲 / 加勒比

北美洲

| 8 | 7 | 6 | 5 | 4 | 3 | 2 | 1 |

1600　1650　1700　1750　1800　1850　1900　1950　2000　2050
年

乡村生活

我叫华山

我生活在中国四川的彭州。这是我家的农田，我每天上学都会经过这里。我家几代人都在这片田地里耕作。我们主要种植水稻。

打渔

我的外公很喜欢打渔，他为晚餐打了不少鱼。有时外公也会带上我。

来见见我的小弟弟

我的小弟弟华明还不到上学的年龄，但已经可以帮家里干活了。他正在喂鸡，我在他这个年龄时也经常干这活。

歇工

我的爷爷和他的两个朋友在休息。忙的时候，爷爷还要帮着干农活，但现在大部分的活已经交给我爸爸来做了。

农活

我们的邻居也是农民。他们专门种萝卜。他们正在清洗刚挖出来的白萝卜，准备把它们拿到市场上卖。

去市场

我妈妈用三轮车将自家田里产的东西运到市场上。市场很近，所以她送货到那里不会太辛苦。

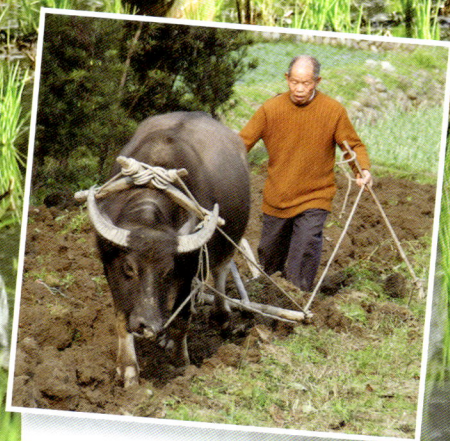

牛和犁

这是我最喜欢的华天叔叔。他扶着水牛拉的犁在耕田。他正在松土，为接下来的播种做准备。

人口为什么增长？

世界人口增长的原因是多方面的。从一方面来说，这只是一个简单的数学问题。比如有两个人，他们有两个以上的孩子，而每个孩子长大后又会有小孩，人口就越来越多。但问题并没那么简单，现代的生活方式——干净的水，充足的食物和更先进的医疗水平——意味着全世界孩子的死亡率降低了。同时，人们的寿命延长了。这就意味着世界人口数将继续上升。

地区	生于2000~2005年	生于2045~2050年
非洲	49	65
亚洲	67	77
拉丁美洲 加勒比	72	80
发达国家	76	82
世界	65	76

出生时的预期寿命

■ 生于2000~2005年　■ 生于2045~2050年

寿命

人口平均预期寿命是指人们从出生起预期继续生存的平均年数。在未来十年，人们的预期寿命将延长。

婴儿的存活

更多的婴儿成长为成年人。医疗计划关注预防和治疗那些会导致婴儿死亡的常见疾病，如腹泻、疟疾和肺炎。

出生率的下降

出生率指每 1 000 个育龄女性生的宝宝的数量。几十年来，全世界的出生率都在下降。但即便如此，人口总数仍持续增长，因为女性人口数越来越多。

图例

■ 女性年龄 15~49 岁
— 每个妇女所生孩子的平均数

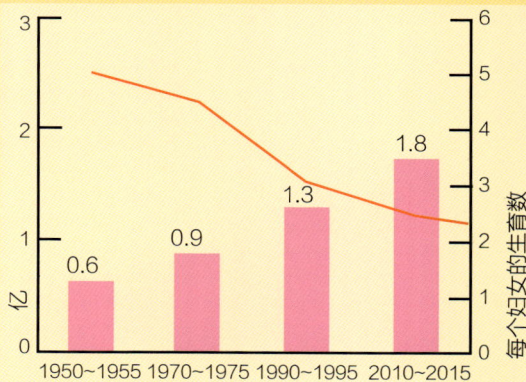

（图表数据）亿：0.6（1950~1955）、0.9（1970~1975）、1.3（1990~1995）、1.8（2010~2015）

每个妇女的生育数

老年人

总的来说，全世界的人正在变老。比如，在日本，现在有 20% 的以上人超过了 65 岁。到 2055 年，这个比率预计将达到 40%。

工业革命

从 1750 年前后的工业革命起，卫生条件和医疗保健水平都开始改善。这意味着小孩和年轻人的死亡率在降低。交通和通讯设施也得到了发展，如果某个地方的收成不好，那么可以把粮食从收成好的地方运过去，这样人们就不会饿死。

英国伦敦的工厂，约 1840 年。

干净的水

改善健康状况和延长寿命的关键因素就是干净的水。污染的水里含有能引发疾病的细菌、病毒和寄生物，如霍乱、肉毒杆菌中毒和痢疾。所有这些疾病都是致命的。

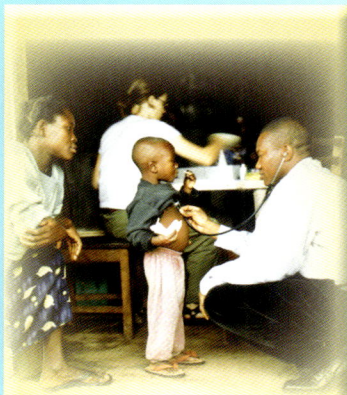

医学的进步

先进的医疗和保健水平意味着原来致命的疾病不再可怕。一些曾经夺去数千人生命的传染病和绝症，如今通过便捷的常规医疗就能治好。

规模化耕种

规模化耕种意味着生产出更多的食物只需要较少的人。虽然有人质疑如今食物的质量和安全性，但不得不承认，食物比以前更丰富和便宜了。

人口缩减、膨胀与激增

全球人口数的变化并不是一致的。有些国家的人口激增，有些国家人口保持稳定，而还有一些国家的人口正在减少。这或许跟出生率有关，但并不绝对。一个出生率低的国家或许会采取接纳移民的方式增加人口数；寿命也是一个重要因素；文化因素也发挥着作用，因为它影响着人们对大家庭或小家庭的偏好。

有时，政府会积极引导民众建立家庭。遗憾的是，诸如战争、饥荒和流行病这类事件严重地影响着一个国家的人口数量。

利比里亚

人口数增长最快的国家之一是非洲西海岸的利比里亚共和国。19世纪20年代，被解放的美国黑人奴隶移居于此。利比里亚被视为地球上最贫穷的国家之一，它每年的人口增长率大约为3.7%。

人口增长最快的国家

1	马尔代夫	5.6%
2	阿拉伯联合酋长国	3.8%
3	利比里亚	3.7%
4	乌干达	3.6%
5	科威特	3.6%
6	也门	3.5%
7	布隆迪	3.4%
8	刚果民主共和国	3.2%
9	埃塞俄比亚	3.2%
10	阿曼	3.19%

不可思议！

自2008年以来，人口数量增长最快的国家是马尔代夫，年增长率为5.6%。

人口增长最快的国家

世界上人口增长最快的国家主要来自两个地区：非洲和中亚。他们的人口年增长率都超过了3%。3.5%的增长率意味着20年后人口数将翻一番。

人口从缩减到激增

这些娃娃象征了几个选定国家的相对人口增长率。娃娃越大，人口增长就越快。例如，虽然中国人口数极大，但因为它的增长率较低，所以象征中国的娃娃较小。

美国
几十年来，美国人口缓慢稳定地增长。

俄罗斯
俄罗斯的人口数因其出生率的下降而减少。

中国
中国的人口出生率相当低，但其人口数却持续增长。

澳大利亚
澳大利亚接纳了一定数量的移民来增加人口数。

人口缩减或稳定

巴西
由于健康状况的改善和稳定的出生率，巴西人口数正在上升。

爱尔兰
爱尔兰的城市正在膨胀，因为许多来自欧洲其他国家的移民工人迁往了爱尔兰。

印度
印度的人口数量巨大并且还在增长，部分原因是医疗水平的提高和高出生率。

人口膨胀

沙特阿拉伯
由于高移民率、高出生率和人均寿命的延长，沙特阿拉伯的人口在激增。

利比里亚
利比里亚的人口在爆增，因为它的出生率极高。

人口激增

特大城市

人口增长大都发生在世界各地的城市里。曾经仅仅是发达国家的城市发展变大，像美国和英国。今天，大城市遍布全球，其中有些特大城市分布在亚洲的发展中国家。

这些大城市或特大城市，甚至比其他国家拥有的整个人口还要多。例如，如果东京是一个国家，它的人口数会在全世界名列34，超过了加拿大、阿尔及利亚和阿富汗等国家。

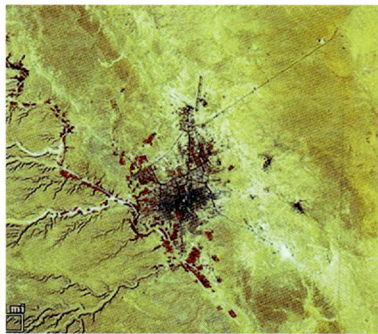

1972年的利雅得

排名	城市	国家		洲	人口数量 （单位：万人）
1	东京	🇯🇵	日本	亚洲	3670
2	德里	🇮🇳	印度	亚洲	2220
3	圣保罗	🇧🇷	巴西	南美洲	2030
4	孟买	🇮🇳	印度	亚洲	2000
5	墨西哥城	🇲🇽	墨西哥	北美洲	1950
6	纽约	🇺🇸	美国	北美洲	1940
7	上海	🇨🇳	中国	亚洲	1660
8	加尔各答	🇮🇳	印度	亚洲	1560
9	达卡	🇧🇩	孟加拉国	亚洲	1460
10	拉格斯	🇳🇬	尼日利亚	非洲	1350
11	卡拉奇	🇵🇰	巴基斯坦	亚洲	1310
12	洛杉矶	🇺🇸	美国	北美洲	1310
13	布宜诺斯艾利斯	🇦🇷	阿根廷	南美洲	1240
14	首尔	🇰🇷	韩国	亚洲	1220
15	北京	🇨🇳	中国	亚洲	1210
16	马尼拉	🇵🇭	菲律宾	亚洲	1090

（为2010年数据）

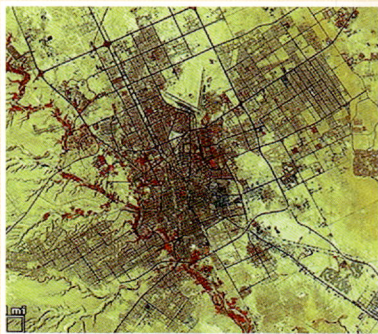

1990年的利雅得

特大城市

人口超过1000万的大城市被称为特大城市，这些人口数包括了城市周边的地区。特大城市前16名中，有9个来自亚洲国家，这些国家大部分是发展中国家。其中，仅中国和印度两国就有5个特大城市。

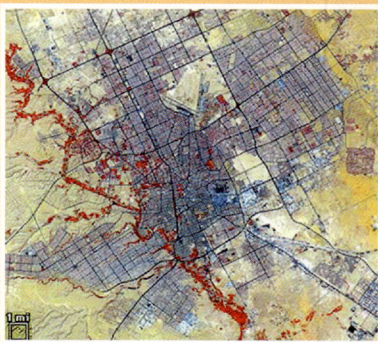

2000年的利雅得

急速增长的城市利雅得

石油换来的美金让沙特阿拉伯的首都利雅得急速扩张，如图所示。该市人口数从1972年的30 000增长到2 00C年的500 000。

富有与贫穷

城市展示出了人类生活的最好的一面与最坏的一面。高度密集的人口能带来充满活力的文化，但是也带来了贫穷与肮脏。

孟买贫民窟

世界第二大贫民窟。达拉维位于印度孟买市中心，那里有 100 万居民，平均每 0.4 公顷就挤有 1.8 万人。

伦敦文化

英国伦敦以繁荣的文化闻名于世。那里有交响乐团、购物中心、博物馆和音乐剧，以及来自世界各地的美食和丰富多彩的夜生活。

人口最多的城市

1950 年，人口最多的城市是美国的纽约，有 1 200 万居民。如今，日本的东京是世界人口最多的城市。现在世界上大部分大城市位于发展中国家。

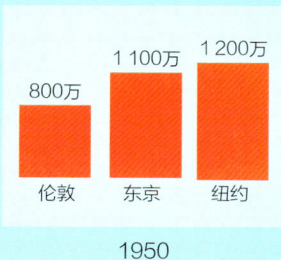

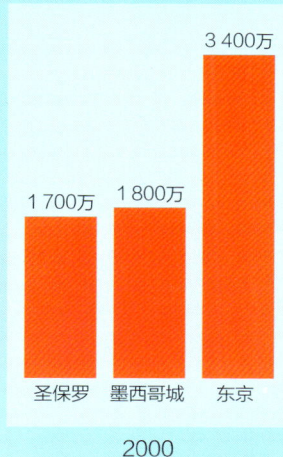

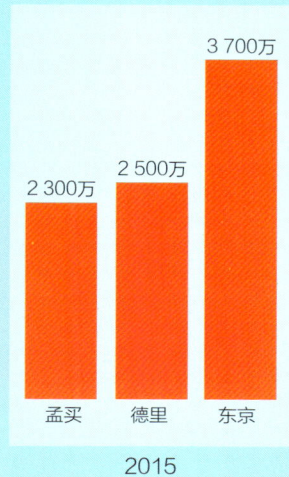

城市	人口
伦敦	800万
东京	1 100万
纽约	1 200万

1950

城市	人口
圣保罗	1 700万
墨西哥城	1 800万
东京	3 400万

2000

城市	人口
孟买	2 300万
德里	2 500万
东京	3 700万

2015

城市生活

我是高桥石原

我住在日本东京——这个城市的人口比世界上任何一个城市的人口都要多。东京很拥挤，也是世界消费水平最高的城市之一。我和我的父母住在一套小公寓里。

公寓生活

我们的公寓之家非常高效地利用了空间。例如，便捷式床白天可以收起来，这样房间就可以腾出空间来。我们公寓的大小对于三口之家来说正合适。

图例
1 玄关
2 洗澡间和厕所
3 淋浴和浴缸
4 白天是父母的起居室，晚上是正式的卧室
5 起居室
6 厨房
7 卧室
8 储物区

城市扩张

很难想像东京曾是一个小渔村。今天，如人们所见，城市在快速扩张。东京在上个世纪曾两次遭到严重破坏——一次是地震，另一次是战争——现已完全重建。

公共游泳池

夏天的时候，人们来这样的泳池里游泳、避暑。不过你得和 1.3 万人分享一个泳池，有时候人多得连池里的水都看不到。

上下班的人们

我的父亲和我每天乘地铁上下班。车上拥挤不堪。每天上学或上班来回花 4 个小时是很常见的。

变化中的国家

当人们从一个国家移民到另一个国家时，这两个国家的人口数就发生了改变。移民的原因有很多。有时是因为一些消极的因素——人们需要离开一个糟糕的环境，如战争或饥荒；在其他情况下，移民的动机是积极的——他们去的国家能给他们提供更多机会；移民有时也出于个人原因——人们想与家人团聚或与意中人结婚。

移民的诸多因素

世界各地的人都在从一个国家迁移到另一个国家。他们迁移的原因各不相同，但是总的来说，人们移民是为了过上更好的生活。

北 美 洲

南 美 洲

净迁移率
- 🟦 积极（迁入人口多过迁出人口）
- 🟩 稳定（迁入迁出人口数相等）
- 🟨 消极（迁出人口多于迁入人口）
- ⬜ 无数据

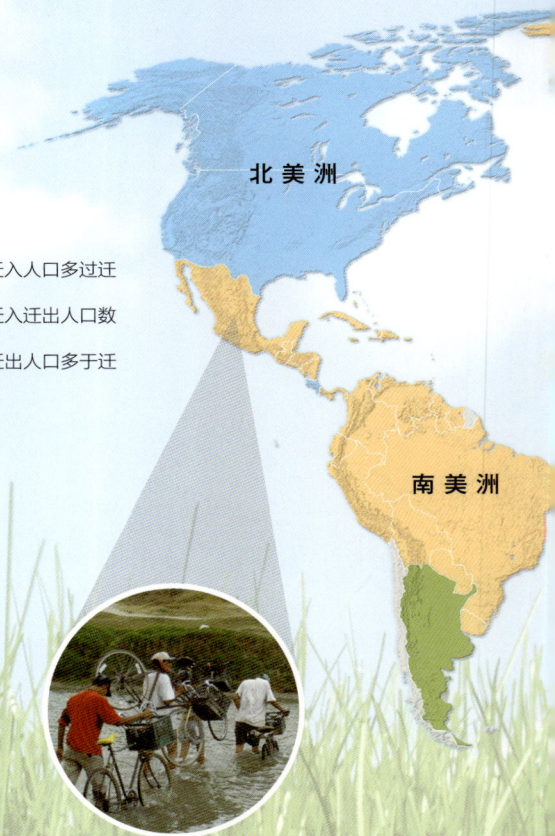

季节性迁移

在丰收时节，种植水果和蔬菜的农民需要额外的帮手。在农耕地区，移民工人这种提供劳动形式由来已久。这些工人从一个地方转移到另一个地方，随着季节的变化收割不同的作物。

随季节迁移的农业工人在美国加利福尼亚州采摘青椒。

墨西哥

许多墨西哥人非法越境进入美国寻找工作。有些人一呆就是几年，时刻担心被发现并遭返回国。

荒漠化

荒漠化指可定居的土地转变为沙漠。在这种情况下，土地不能再生长农作物，人们必须离开此地，去往一个新的地方。

乌干达

几十年的战乱和政治动荡导致成千上万的乌干达人成为难民，他们不得不逃离自己动荡的国家。

图瓦卢

全球变暖导致的海平面上升将吞没诸如图瓦卢这样地势低的岛屿，或使这些岛屿无法居住，因为高度盐碱化的土壤会破坏农作物。

欧 洲

亚 洲

非 洲

大 洋 洲

刚果民主共和国

这个国家过去被称为扎伊尔，曾经战争与冲突不断，导致数百万人被迫离开他们自己的国家。

阿拉伯联合酋长国（阿联酋）

移民工约占阿联酋人口的80%。这些工人被机遇与薪资吸引，在阿联酋收入比他们自己国家要高得多。

澳大利亚

澳大利亚是一个地广人稀的繁荣国家，每年有成千上万的人来到澳大利亚，在那里寻找赚钱的机会。

儿童问题

所有国家，无论人口是否在增长，都面临的一个挑战是为儿童成长提供所必需的一切。人口的快速增长带来了困难。一个国家的儿童越多，这种难度也越大。

干净的饮用水

能安全饮用的干净的水是任何一个人生存的关键。但是儿童，特别是小孩子特别容易感染由不干净的水导致的疾病。在贫穷的国家和贫民窟，找到干净的水都成问题。

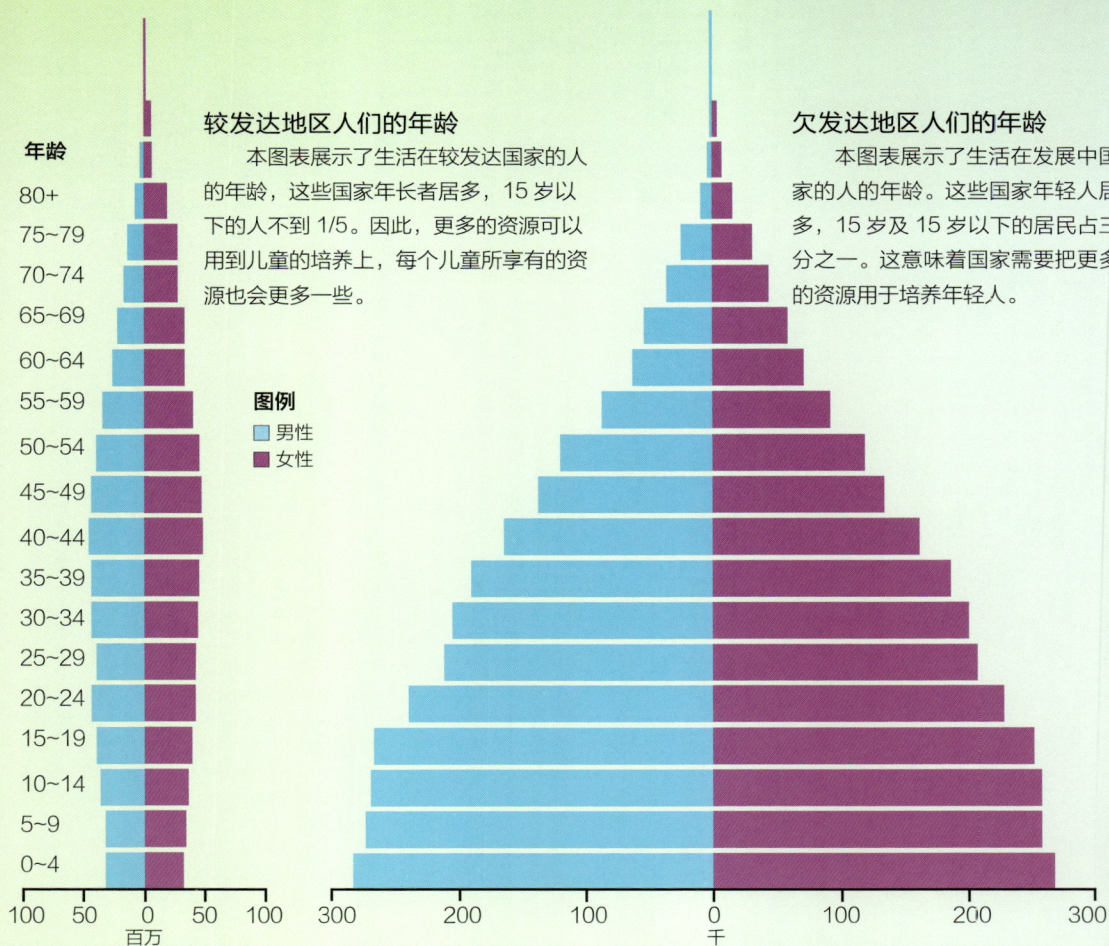

较发达地区人们的年龄

本图表展示了生活在较发达国家的人的年龄，这些国家年长者居多，15岁以下的人不到1/5。因此，更多的资源可以用到儿童的培养上，每个儿童所享有的资源也会更多一些。

图例
- 男性
- 女性

欠发达地区人们的年龄

本图表展示了生活在发展中国家的人的年龄。这些国家年轻人居多，15岁及15岁以下的居民占三分之一。这意味着国家需要把更多的资源用于培养年轻人。

年龄

| 80+ |
| 75~79 |
| 70~74 |
| 65~69 |
| 60~64 |
| 55~59 |
| 50~54 |
| 45~49 |
| 40~44 |
| 35~39 |
| 30~34 |
| 25~29 |
| 20~24 |
| 15~19 |
| 10~14 |
| 5~9 |
| 0~4 |

100 50 0 50 100
百万

300 200 100 0 100 200 300
千

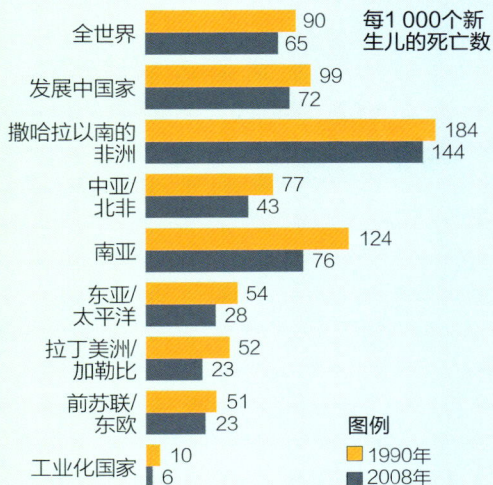

每1 000个新生儿的死亡数

地区	1990年	2008年
全世界	90	65
发展中国家	99	72
撒哈拉以南的非洲	184	144
中亚/北非	77	43
南亚	124	76
东亚/太平洋	54	28
拉丁美洲/加勒比	52	23
前苏联/东欧	51	23
工业化国家	10	6

图例
- 1990年
- 2008年

儿童死亡率

　　本图表展示了世界上不同地区 5 岁以下儿童的死亡率。由于各方面的改善，近几年各地区的儿童死亡率都有所下降，但在发展中地区，儿童死亡率依然很高。

免疫接种

　　免疫接种能有效防止疾病，如白喉、破伤风和小儿麻痹症，这些会给患者留下后遗症的疾病过去每年都会夺去上千名儿童的生命。公共卫生机构的工作人员努力让全世界的儿童都能接种疫苗。

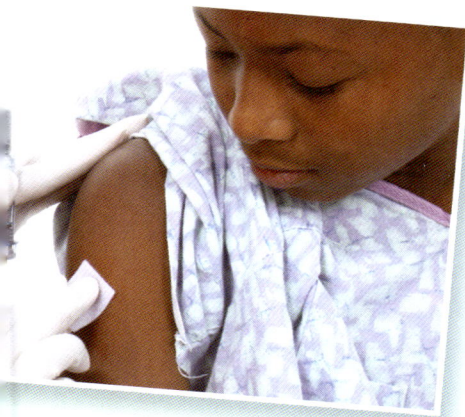

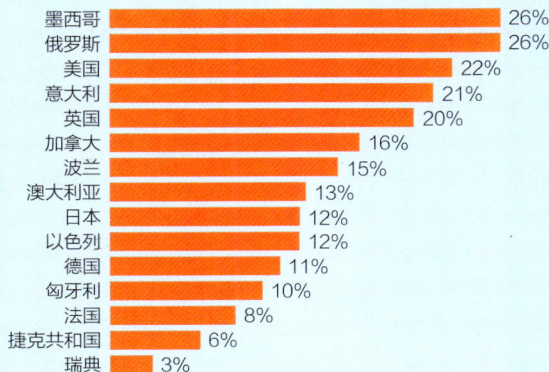

国家	比例
墨西哥	26%
俄罗斯	26%
美国	22%
意大利	21%
英国	20%
加拿大	16%
波兰	15%
澳大利亚	13%
日本	12%
以色列	12%
德国	11%
匈牙利	10%
法国	8%
捷克共和国	6%
瑞典	3%

儿童贫穷

　　本图表展示了 20 世纪 90 年代，一些国家里生活在贫穷线以下的儿童所占的比例。本图表说明，即使是像瑞典这样的发达国家，也面临如何改善边境地区儿童生活水平的难题。

食物

　　和水一样，食物是生存的必需品。然而现实是，地球上许多人没有足够的食物，饥荒导致每年成千上万的儿童死亡。

接受教育

　　教育是人一生成功的关键，无论富裕或贫穷，所有的儿童都需要接受教育。良好的教育能打开机会之门，而没受过教育的人是很难把握住机会的。同时，这对控制人口增长也很有效。数据显示，世界各地受过教育的女性都选择少生孩子。

学生在学习使用电脑。

面临的挑战

随着人口的增长，社会和生态环境承受的压力越来越大。人们需要住所、食物和医疗。然而，一个原本容纳 100 人生活的地方，当人口增长至 1 000 甚至 10 000 人时，人们几个世纪以来固有的生活方式将会崩溃。人口的扩张会排挤甚至毁灭一个地方曾经赖以生存与繁荣的一切事物。

狩猎

千百年来，狩猎都是一种生活方式，但是如果太多的人捕捉动物，并在动物曾经居住的地方建造家园，那么动物数量将会骤减。

寻找居所

人人都需要住的地方。随着地球上人口数量的增加，越来越多的曾用来耕种或仅仅是作为野生动物栖息地的土地正在变成人类的居所和活动区域。

取水

全球变暖的一个可怕后果是厄尔尼诺现象的多发，这将给某些地区带来毁灭性的干旱，例如，澳大利亚部分地区和印度尼西亚如果没有降雨，人们必须从其他地方取水——如果他们能找到的话。

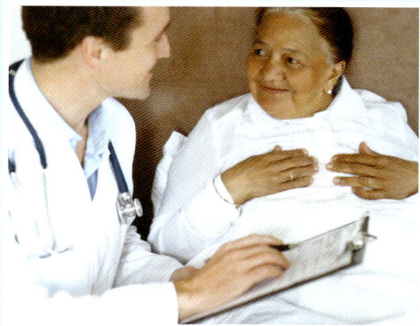

医疗

任何一个国家能提供的医疗服务都是有限的。医护人员的数量有限，并且医疗保健需要费用，人数越多，就越难给每一个人都提供高质量的、哪怕是最基本的医疗保障。

渔业

和狩猎一样，千百年来渔业也维系着人们的生活。然而，许多地方都遭到过度捕捞。水污染及人们对河流和海洋的过度开发利用导致了鱼的数量的减少。

干旱使动物无法找到足够的食物和水，导致其数量大大减少，进而影响到生活在周边的人。

威胁

人类面临的最大问题是，不断增长的人口是否还能在地球上生存？答案并不清楚。地球的资源——陆地、水源和空气——有限，归根结底，人类只能依靠现有的资源勉强过活。我们的生存与我们对地球的关注，以及我们如何运用智慧来合理利用资源息息相关。

如果我们不关注环境变化，不以可持续发展的方式利用资源，那么我们面临的威胁会更多。

农业和商业性农业

技术的进步让更少的劳力在更少的土地上产出更多的粮食。但是人类引起的全球变暖正在改变气候模式，这给人们生产足够粮食带来严峻挑战，特别是在人口不断增长的情况下。

众多的人口

随着人口的膨胀，提供诸如住房、医疗、洁净水和卫生条件这些基本的服务将变得越来越困难，数百万的人将无法确保能得到生活必需品。

工业污染

来自工业的污染是一个巨大的持续性威胁。人类生产越多的东西来满足需求，越多的污染和浪费也将随之产生，环境友好型的工业生产将有助于解决这一问题。

森林砍伐

每天都有大面积的树木遭到砍伐。然而，树木能将二氧化碳转化为人类呼吸所需的氧气，同时还能储存碳。森林砍伐是人类生存的直接威胁。

可再生资源

人类需要使用可再生资源来代替化石燃料，以满足日益增长的能源需求。可再生资源，如风能和太阳能，不会被用尽且不会排放碳——不像化石燃料，如煤和天然气，终将会被耗完。

全世界每天大约有36万人出生，15.5万人死亡，二者的差值即为每天世界人口的增长数。

传统的方式

　　肯尼亚的马赛一家依然以传统方式生活。但随着人口的扩张和迁移，特别是当人们失去或不得不离开赖以生存和繁衍的土地时，他们的文化遗产和风俗习惯将很难保留下来。

了解更多

关于出生、死亡、人口增长和趋势的可查询的资料非常多，有成百上千的网站提供此类信息。试着在你常用的搜索引擎中输入关键词"人口"或"环境问题"。你也可以查询某个具体的国家或城市的相关问题。

世界人口时钟

在网上搜索"人口时钟",找到计算全世界人口出生数与死亡数的计数器。这些数值表明了世界人口的自然增长率。自然增长是指出生数减去死亡数。右表的数值来自美国人口资料局的世界人口表。

自然增长	世界	发达国家	发展中国家
每年	83 315 475	2 130 380	81 185 094
每月	6 942 956	177 532	6 765 425
每周	1 602 221	40 969	1 561 252
每日	228 262	5 837	222 425
每时	9 511	243	9 268
每分	158	4	154
每秒	2.6	0.1	2.5

灯光下的世界

这张来自美国宇航局的图片展示的世界处于一片黑暗中。有灯光的地区表明人口比较密集。黑暗的地区则表明鲜有人居住或无人居住。

知识拓展

出生率 (birthrate)
每一千个育龄女性所生婴儿数。

文化 (culture)
一群特定的人的习俗、艺术和行为模式的总和。

密度 (density)
某事物在一个特定地区的集中程度。

荒漠化 (desertification)
肥沃的土地逐渐转变为荒漠。

厄尔尼诺 (Elniño)
一个发生于太平洋地区的气候现象。综合了海洋温度的上升和风向的改变，从而改变降雨区域，导致某些地区的干旱和另一些地区的洪灾。

全球变暖 (global warming)
世界平均温度的稳步上升及其引发的问题。

适于居住的 (habitable)
用于描述一个适于人类生活的地方。

工业革命 (industrial revolution)
基于农业的社会向基于工业和制造业的社会转变。

预期寿命 (life expectancy)
一个人预期会活的生命长度。

特大城市 (megacities)
超过 1 000 万人的城市。

移民工人 (migrant workers)
为了工作从一个地方迁移到另一个地方的人。

净迁移率 (net migration rate)
一个国家迁入的人口数与迁出人口数间的差值。

贫穷 (poverty)
拥有很少的、或是没有钱或财产的状态。

难民 (refugee)
因害怕遭迫害或担心安全受到威胁而离开自己祖国的人。

可再生能源 (renewable energy)
来自自然的用之不尽的能源，如太阳能和风能。

（人口的）季节性迁移
(seasonal migrants)

人们根据工作需要随季节迁移，而非永远留在某个地方。

贫民窟 (slum)

城市的一部分，其特点是贫穷及糟糕的生活条件。

探索·科学百科™

Discovery EDUCATION™

世界科普百科类图文书领域最高专业技术质量的代表作

小学《科学》课拓展阅读辅助教材

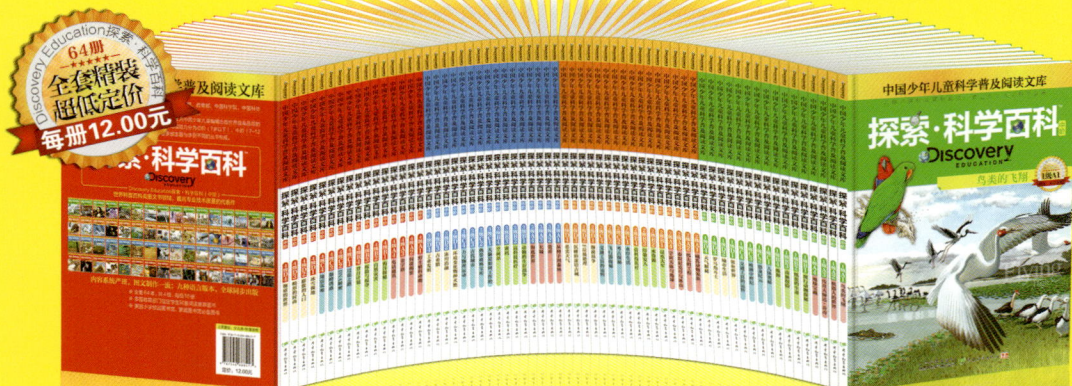

64册
全套精装
超低定价
每册12.00元

中国少年儿童科学普及阅读文库

探索·科学百科

Discovery Education探索·科学百科（中阶）丛书，是7~12岁小读者适读的科普百科图文类图书，分为4级，每级16册，共64册。内容涵盖自然科学、社会科学、科学技术、人文历史等主题门类，每册为一个独立的内容主题。

Discovery Education
探索·科学百科（中阶）
1级套装（16册）
定价：192.00元

Discovery Education
探索·科学百科（中阶）
2级套装（16册）
定价：192.00元

Discovery Education
探索·科学百科（中阶）
3级套装（16册）
定价：192.00元

Discovery Education
探索·科学百科（中阶）
4级套装（16册）
定价：192.00元

Discovery Education
探索·科学百科（中阶）
1级分级分卷套装（4册）（共4卷）
每卷套装定价：48.00元

Discovery Education
探索·科学百科（中阶）
2级分级分卷套装（4册）（共4卷）
每卷套装定价：48.00元

Discovery Education
探索·科学百科（中阶）
3级分级分卷套装（4册）（共4卷）
每卷套装定价：48.00元

Discovery Education
探索·科学百科（中阶）
4级分级分卷套装（4册）（共4卷）
每卷套装定价：48.00元